Grundschule

Gabriela Rosenwald

Lapbook

Unsere Ernährung

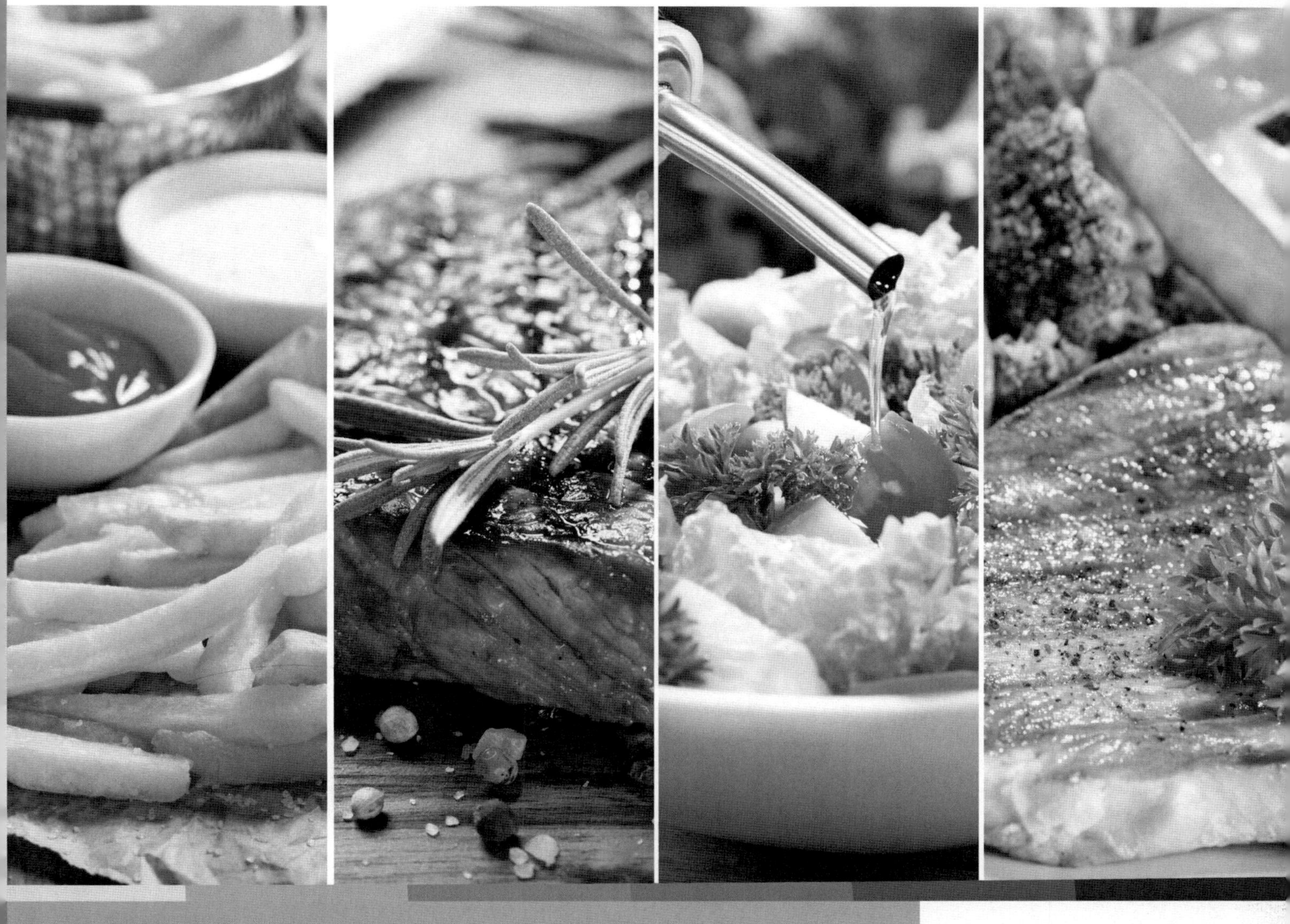

Eine gesunde Ernährung kreativ erarbeiten

www.kohlverlag.de

Lapbook Unsere Ernährung

Eine gesunde Ernährung kreativ erarbeiten

1. Auflage 2024

Idee und Text: Gabriela Rosenwald
Coverbilder: © Nitr – AdobeStock.com
Redaktion: Kohl-Verlag
Grafik & Satz: Kohl-Verlag
Druck: Druckerei Flock, Köln

Bestell-Nr. 13 007

ISBN: 978-3-98841-036-8

Bildquellen: © AdobeStock.com

S. 2: Africa Studio; **S. 14-27:** Iuliia; **S. 3:** Bezvershenko; **S. 5:** Gstudio; **S. 6:** godesignz; **S. 8:** switchpipi; **S. 9:** Екатерина Зайцева, stylusstudio; **S. 10:** kongvector (6x); **S. 11:** dule964, PhotoSG, Dnut Vieru, womue, VRD, FSEID, Denis Braun, radub85, zeralein, Markus Mainka, ANASTASIA, BillionPhotos.com, Lumos sp, emuck, emilio100, Atlas, ImagesMy, ArTo, mates, Игорь Гусев; **S. 13:** Alexander Raths, photocrew, New Africa, Tatiana, Fischer Food Design; **S. 14:** akf; **S. 15:** nipaporn, Rhönbergfoto, dule964, Antonio Scarpi, Christian Jung; **S. 16:** Hanna Syvak (6x); **S. 17:** avivmuzi, troyanphoto, craevschii, ricka_kinamoto; **S. 18:** merfin, Igor Zakowski, savanno, Kate Garyuk, Igor Zakowski, ylivdesign, Apixsala, airdone, Sunnydream, djvstock, Jemastock, Iuliia, djvstock, mashikomo, alloova, Hitriy lis, eduardrobert, airdone; **S. 19:** uv_group, Alexander Raths, blueringmedia, Luis Carlos Jiménez; **S. 20:** marilyn barbone; **S. 21:** Liubov, ssstocker; **S. 22:** La Gorda (4x); **S. 23:** Sunnydream, Natalya Levish, ilyakalinin, winston, Muhammad, Simple line art, Fernpat, UltimateCollection, Alienalgorithm, Liana, Sergi Vargas Amengual Wirestock Creators, Светлана Вдовина, Анастасия Винтовкина; **S. 24:** Yeti Studio; **S. 25:** Phuangphet, baibaz, gavran333, olya6105, Caito, womue, Roman Samokhin, Денис Петровских; **S. 26:** Yeti Studio, yasmin, matin, Dionisvera, Iurii Kachkovskyi, Belokoni Dmitri, azure, BillionPhotos.com, Africa Studio, Petra Schueller; **S. 27:** Photobeps, baibaz; **S. 28:** ianrward; **S. 29:** Ruslan Semichev, RHJ, praja, anaumenko, xamtiw, ximich_natali, PhotoSG, Marla, udra11, kolesnikovserg, seralex, anaumenko; **S. 30+31:** stylusstudio

Bildquellen: © wikipedia frei

S. 32: Österreichisches Bundesministerium für Gesundheit

Inhalt

KOHL VERLAG
Lapbook Unsere Ernährung
Eine gesunde Ernährung kreativ erarbeiten – Bestell-Nr. 13 007

Vorwort

Von Beginn an nimmt die Nahrung großen Einfluss auf unsere Entwicklung und unser Wohlbefinden. Unsere Kinder sollten daher schon im frühen Alter erfahren, wie wichtig unsere tägliche Nahrung ist und wie sie sich zusammensetzt. In diesem Band wird das Grundwissen über gesundes Essen erarbeitet.

Kinder sind immer bereit zu basteln, und dafür eignen sich Lapbooks ganz hervorragend. Bereits beim Ausschneiden und Zusammenkleben der Teile wie Taschen für Kärtchen, kleine Mäppchen zum Aufklappen … ist einerseits Geschicklichkeit, aber auch Nachdenken erforderlich, z. B. müssen Merksätze und Zeichnungen ergänzt werden.

Jeder kann sein eigenes Lapbook gestalten – über etwas ganz wichtiges, das er deshalb auch gern aufhebt und stolz anderen zeigt. Er bastelt und gestaltet sich damit einen kleinen eigenen anschaulichen „Wissensraum".

Viel Spaß und Erfolg mit diesen Vorlagen wünschen

der Kohl-Verlag und

Gabriela Rosenwald

Und so kann es aussehen:

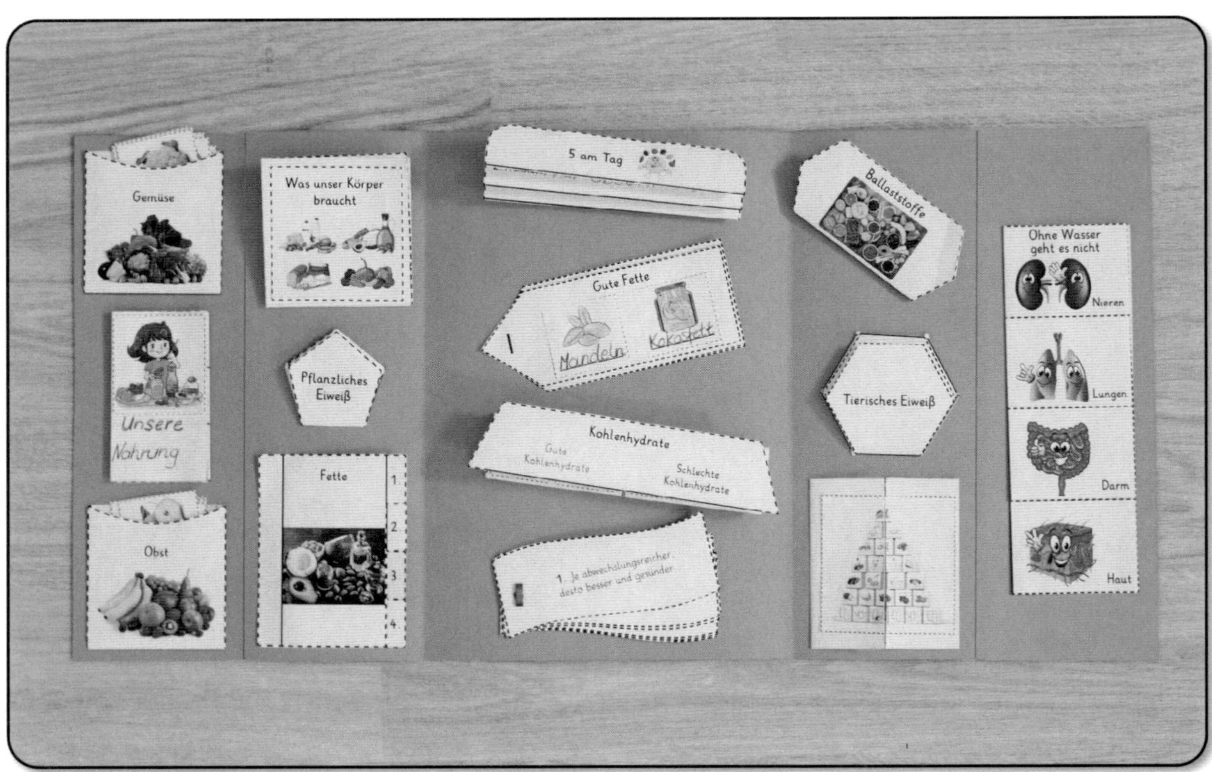

KOHL VERLAG
Lapbook Unsere Ernährung
Eine gesunde Ernährung kreativ erarbeiten – Bestell-Nr. 13 007

Arbeitspass

Name: ______________________

Klasse: __________

Seite	Thema	begonnen	erledigt

KOHL VERLAG Lernen mit Erfolg
Lapbook Unsere Ernährung
Eine gesunde Ernährung kreativ erarbeiten – Bestell-Nr. 13 007

Materialliste, Lapbook basteln

Was brauchst du für 1 Lapbook?

- Schere, für runde Formen evtl. eine Nagelschere
- Klebstoff
- 1 Papiermappe oder 1 buntes DIN A3 Papier
- Verschiedene Stifte, z. B. Bunt-, Faser-, Wachsmalstifte (+ weißer Stift)
- Büroklammern
- 1 Klarsichthülle (um angefangene Papierteile sicher aufzubewahren)
- Sticker, Stanzteile, Bilder ... alles, was zum jeweiligen Thema passt, zum Verzieren

So gestaltest du dein Lapbook

<u>1. Variante</u>

- Suche dir einen farbigen Fotokarton in der Größe DIN A3.
- Falte den Karton in der Mitte und klappe ihn wieder auseinander.
- Schon hast du ein Lapbook! Du kannst nun das Titelbild aufkleben und den Inhalt gestalten und einkleben. Überlege gut, bevor du den Innenteil befestigst.

<u>2. Variante</u>

- Nimm wieder einen farbigen Fotokarton (DIN A3).
- Falte den Karton in der Mitte und klappe ihn wieder auseinander.
- Falte nun die beiden äußeren Teile noch einmal zur Mitte. Nun sind 3 Knicke entstanden.
- Du kannst jetzt ein farbiges DIN A4 Blatt in die Mitte kleben. Dann klappst du die Seitenteile zu. Dein Lapbook ist fertig!
- Das Titelbild teilst du in der Mitte und klebst es auf.

Lapbook erweitern

Lapbook – Variationen

Wenn der Platz nicht reicht, weil du noch mehr erfahren hast oder einige Bilder einfügen möchtest: Dann wird dein Lapbook einfach erweitert!

Du kannst oben und unten, rechts und links weitere Klappen ankleben. Am besten klebst du die Klappen mit einem breiten Klebestreifen fest.

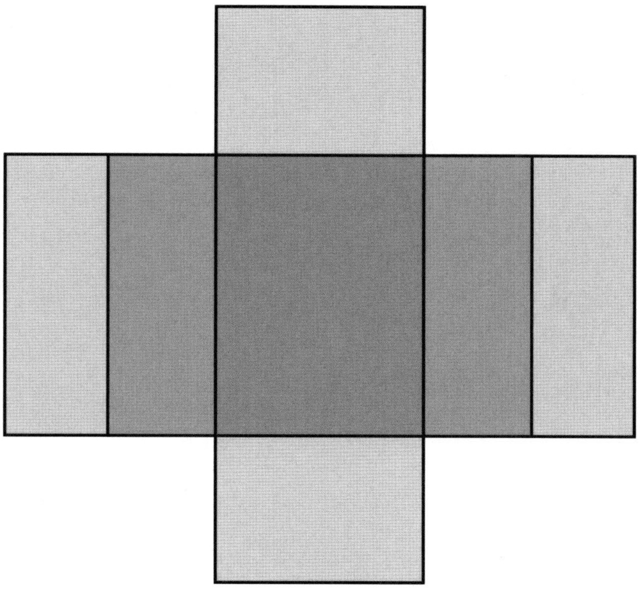

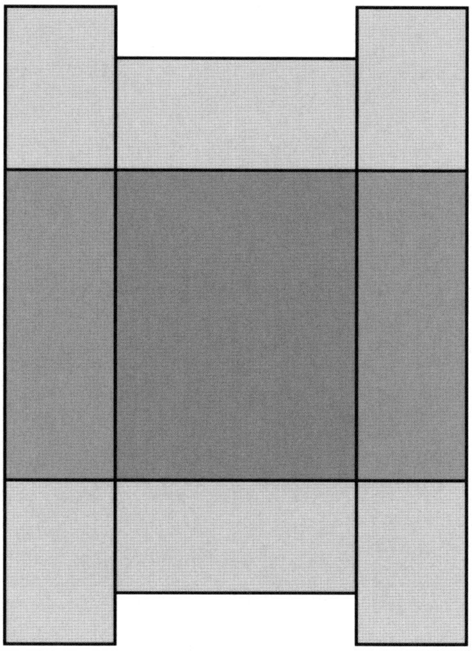

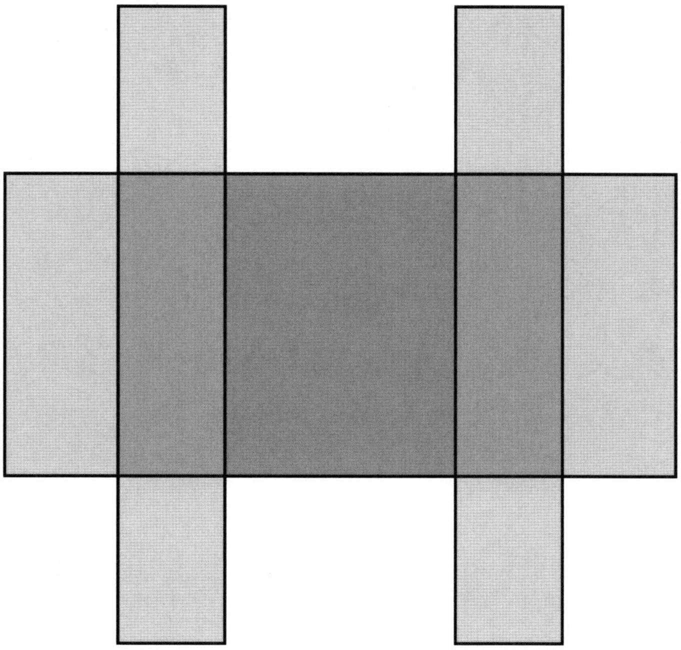

Lapbook Unsere Ernährung
Eine gesunde Ernährung kreativ erarbeiten – Bestell-Nr. 13 007

Mein Lapbook Ernährung

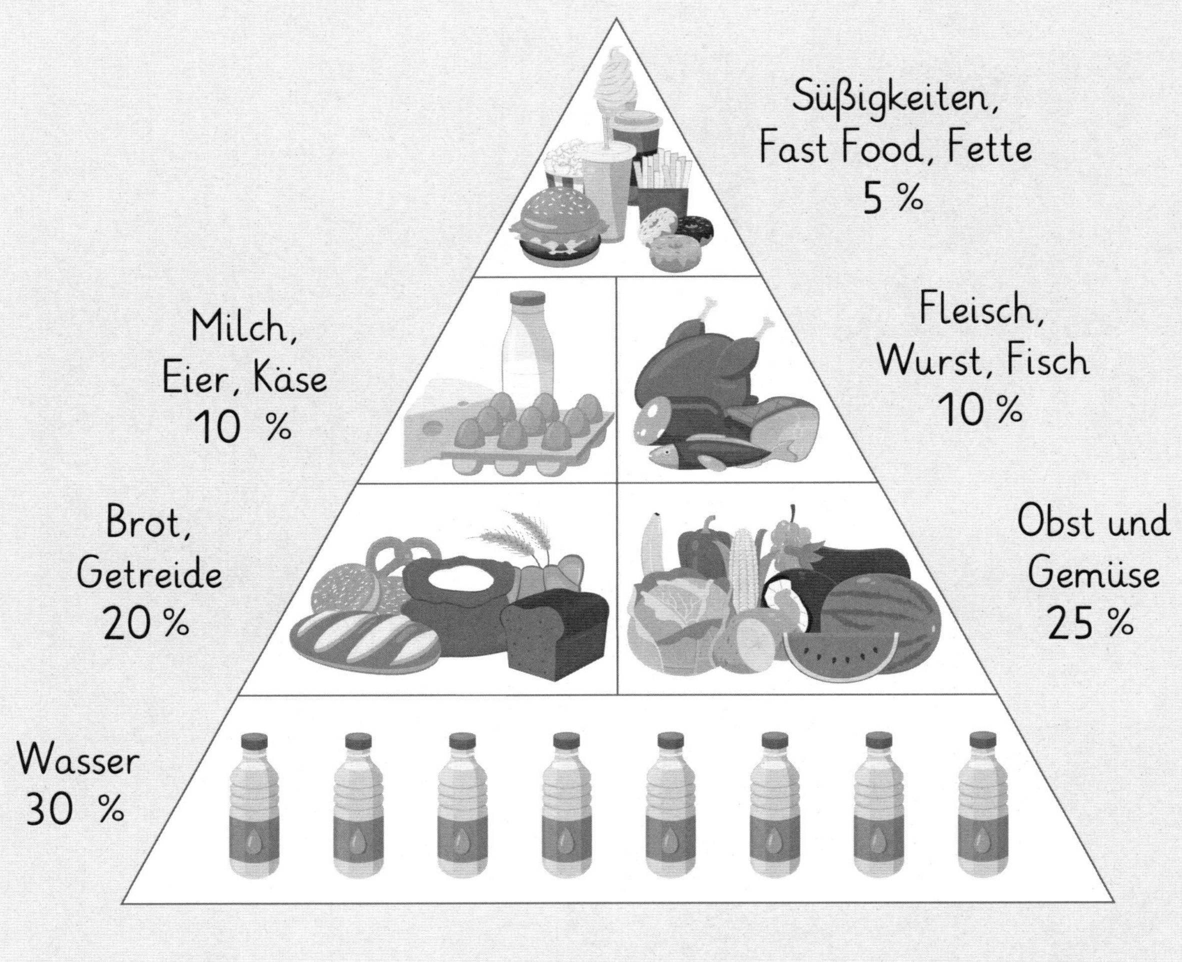

Name: ______________________________

KOHL VERLAG Lapbook Unsere Ernährung
Eine gesunde Ernährung kreativ erarbeiten – Bestell-Nr. 13 007

Unsere Nahrung

Dazu gehören Kohlenhydrate (Stärke), Eiweiß, Fette, Vitamine, Ballaststoffe und natürlich Getränke.

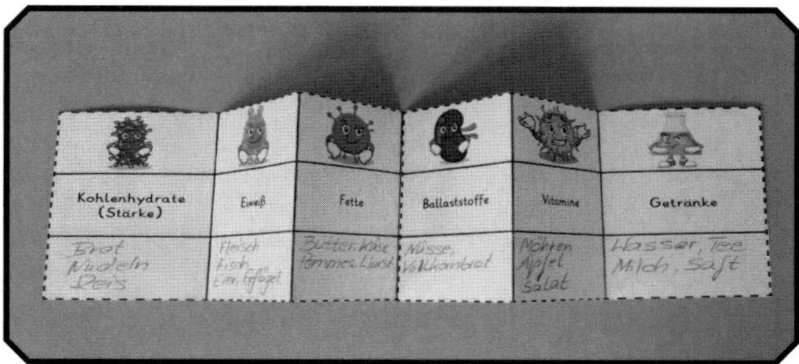

Schreibe die folgenden Lebensmittel in die Tabelle auf der nächsten Seite.

Brot, Nudeln, Tee, Möhren, Äpfel, Reis, Butter, Salat, Nüsse, Wasser, Fleisch, Milch, Eier, Fisch, Wurst, Käse, Vollkornbrot, Saft ...

Sicher fallen dir noch viel mehr Dinge ein.

Schneide die Tabelle dann aus und klebe sie zusammen. Dann faltest du sie wie eine Ziehharmonika. Das letzte Feld klebst du an dein Lapbook.

Vorne klebst du noch das Bild auf und schreibst den Titel auf: **Unsere Nahrung**

Lapbook Unsere Ernährung
Eine gesunde Ernährung kreativ erarbeiten – Bestell-Nr. 13 007

Unsere Nahrung

Linie nach hinten knicken.

Linie nach vorne knicken.

Linie nach hinten knicken.

			hier Teil 2 ankleben
Kohlenhydrate (Stärke)	Eiweiß	Fette	

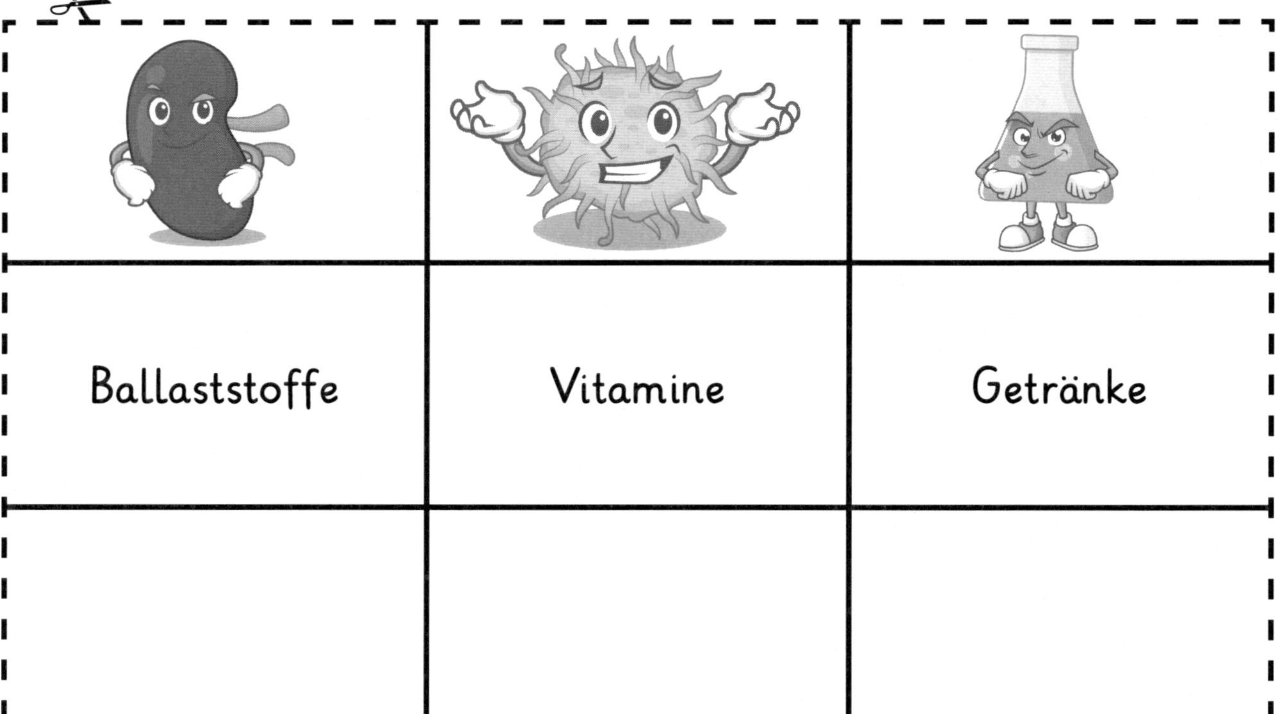

Die Rückseite dieser Felder an dein Lapbook kleben.

KOHL VERLAG
Lapbook Unsere Ernährung
Eine gesunde Ernährung kreativ erarbeiten – Bestell-Nr. 13 007

Kohlenhydrate

Kohlenhydrate sind in vielen Lebensmitteln enthalten, in Gemüse, Obst, Brot und Kartoffeln. „Gute" Kohlenhydrate liefern dem Körper viel Energie und machen zugleich lange satt, wie z. B. Vollkornprodukte.
„Schlechte" Kohlenhydrate stillen nur ganz kurz den Hunger, wie Schokolade und Süßigkeiten. Dann muss man wieder essen. Dazu gehören Kuchen, Süßigkeiten, Schokolade.

Schneide das Haus auf der nächsten Seite und die Kärtchen unten aus. Klebe die Kärtchen geordnet ein, in jedes Feld gehören 2 Stück.
Falte das Haus dann wie eine Ziehharmonika und klebe es in dein Lapbook.

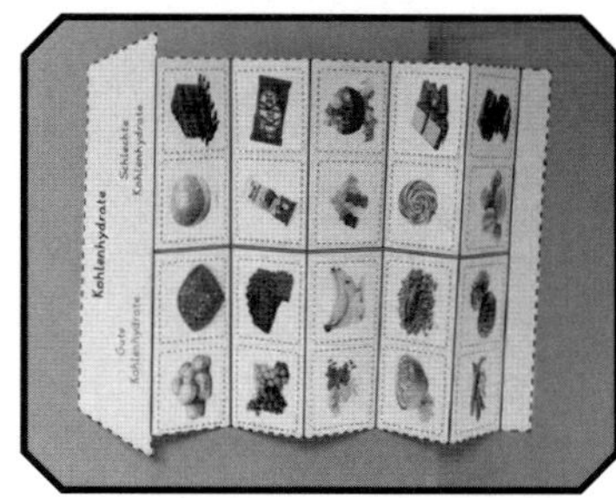

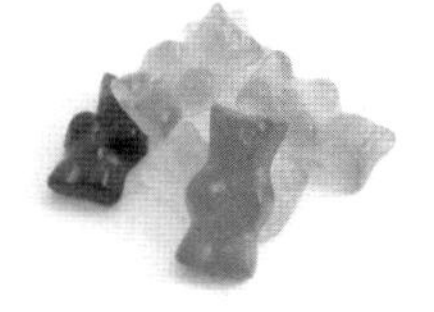

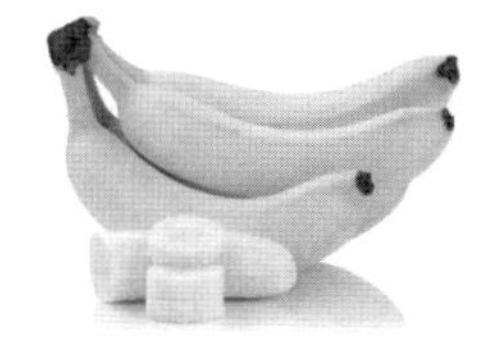

Lösungen:
Gesund sind: Kartoffeln, Vollkornbrötchen, Weintrauben, Schwarzbrot, Vollkornnudeln, Bananen, Haferflocken, Erbsen, Bohnen, Vollkornbrot

KOHL VERLAG
Lapbook Unsere Ernährung
Eine gesunde Ernährung kreativ erarbeiten – Bestell-Nr. 13 007

Kohlenhydrate

Kohlenhydrate

Gute Kohlenhydrate	Schlechte Kohlenhydrate

Die Rückseite dieses Feldes an dein Lapbook kleben.

Tierisches Eiweiß

Da unser Körper keinen Eiweißspeicher besitzt, muss er regelmäßig mit Eiweiß versorgt werden.
Tierisches Eiweiß steckt in Fleisch, Speck, Fisch, Eiern, Butter, Käse und Milch.

Schneide die Form auf der nächsten Seite und die Kärtchen unten aus. Klebe die Bilder auf die Rückseite und falte die Form zusammen.

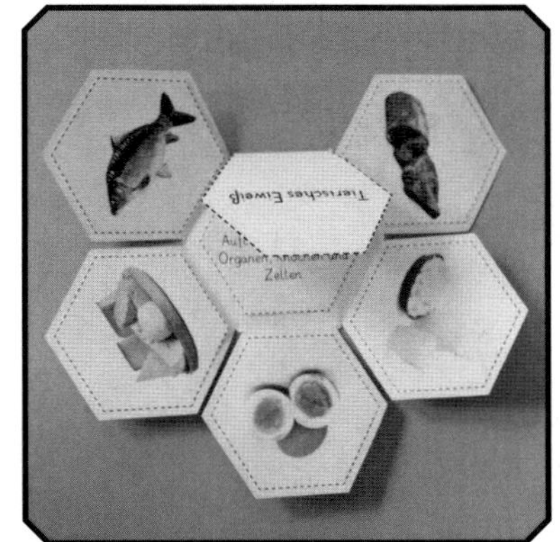

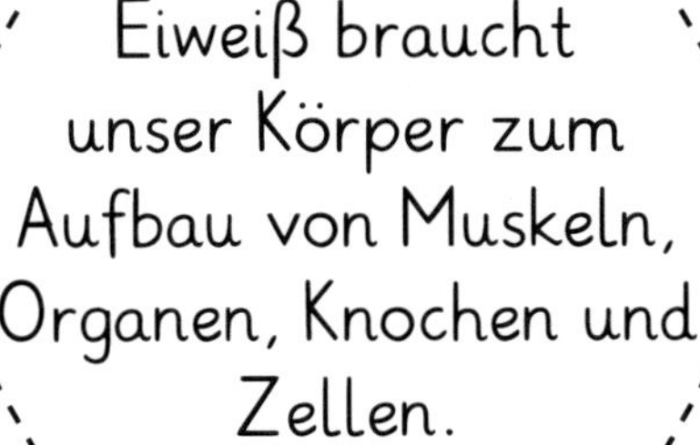

Eiweiß braucht unser Körper zum Aufbau von Muskeln, Organen, Knochen und Zellen.

Dieses Kärtchen in die Mitte der Form kleben.

Lapbook Unsere Ernährung
Eine gesunde Ernährung kreativ erarbeiten – Bestell-Nr. 13 007
KOHL VERLAG

Tierisches Eiweiß

Tierisches Eiweiß

Fleisch

Fisch

Hier an das Lapbook ankleben.

Milch, Joghurt

Käse, Quark

Eier

Pflanzliches Eiweiß

Pflanzliches Eiweiß finden wir in Pilzen, Getreide, Nüssen und Hülsenfrüchten wie Linsen, Erbsen oder Bohnen.

Schneide die Form unten aus. Falte sie an den durchgezogenen Linien nach hinten. Schneide auch die Kärtchen aus. Klebe sie hinter das richtige Bild. Füge die Form dann in dein Lapbook ein.

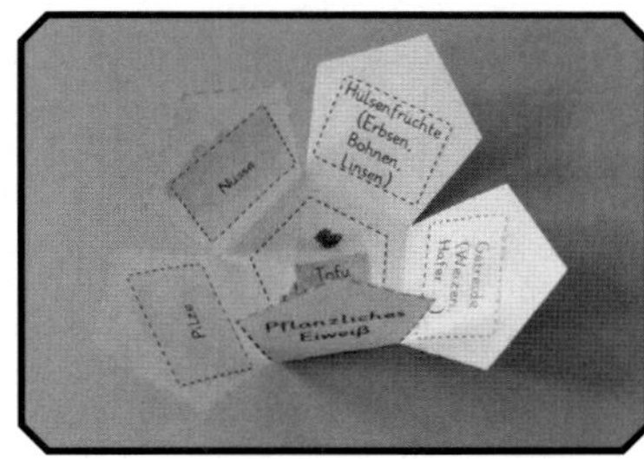

Hülsenfrüchte (Erbsen, Bohnen, Linsen)

Getreide (Weizen, Hafer ...)

Pflanzliches Eiweiß

Hier an das Lapbook ankleben.

Pilze

Tofu

Nüsse

Dieses Bild klebst du in die Mitte der Form.

Lapbook Unsere Ernährung
Eine gesunde Ernährung kreativ erarbeiten – Bestell-Nr. 13 007

KOHL VERLAG

Fette

Schneide die Kärtchen unten und das Büchlein auf der nächsten Seite aus. Klebe das Büchlein an den grauen Rändern zusammen. Ergänze die Texte und klebe sie hinter das richtige Bild.

3.

Die „schlechten" Fette werden ______________ hergestellt. Meist heißt es dann „Fett, gehärtet" und es handelt sich um ______________ Fettsäuren, z. B. in Chips, Fertiggerichten, __________, Keksen und Süßigkeiten.

1.

Fett ist wichtig für unseren Körper. Er braucht Fett, um gesund und ____________ zu bleiben. Zu viel Fett ist jedoch ____________ und macht dick. Doch es gibt „gute" und „schlechte" Fette. Die guten Fette sind ______________.

4.

Viele ______________ enthalten Fett, obwohl du es nicht gleich sehen kannst. Die sogenannten „versteckten Fette" sind in Fleisch, __________ und Milchprodukten enthalten. Davon solltest du __________ essen!

2.

Die „guten" Fette kommen aus der Natur und werden ______________ Fettsäuren genannt. Wir finden sie in Pflanzenölen wie Oliven- oder Rapsöl, in Avocados, __________ oder im Lachs. Ungesunde Fette findet man in Butter und ________.

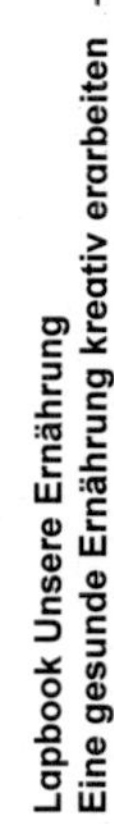

Fette

Fette

1.

Die gesunden Fette

2.

Die ungesunden Fette

3.

Die versteckten Fette

4.

Lösungen:

1. kräftig, ungesund, lebenswichtig
2. ungesättigte, Nüssen, Speck
3. chemisch, gesättigte, Pizza
4. Lebensmittel, Wurst, wenig

Fette

Male die verschiedenen Lebensmittel bunt an. Schreibe den richtigen Namen dazu. Schneide dann die Kärtchen aus. Sind gute Fette darin enthalten oder nicht? Klebe sie auf die Karten (Vorder- und Rückseite) auf der nächsten Seite. Immer 4 Fette passen auf eine Karte. Hefte die Karten an der Markierung zusammen und klebe sie in dein Lapbook.

Öl

Lapbook Unsere Ernährung
Eine gesunde Ernährung kreativ erarbeiten – Bestell-Nr. 13 007
KOHL VERLAG

Fette

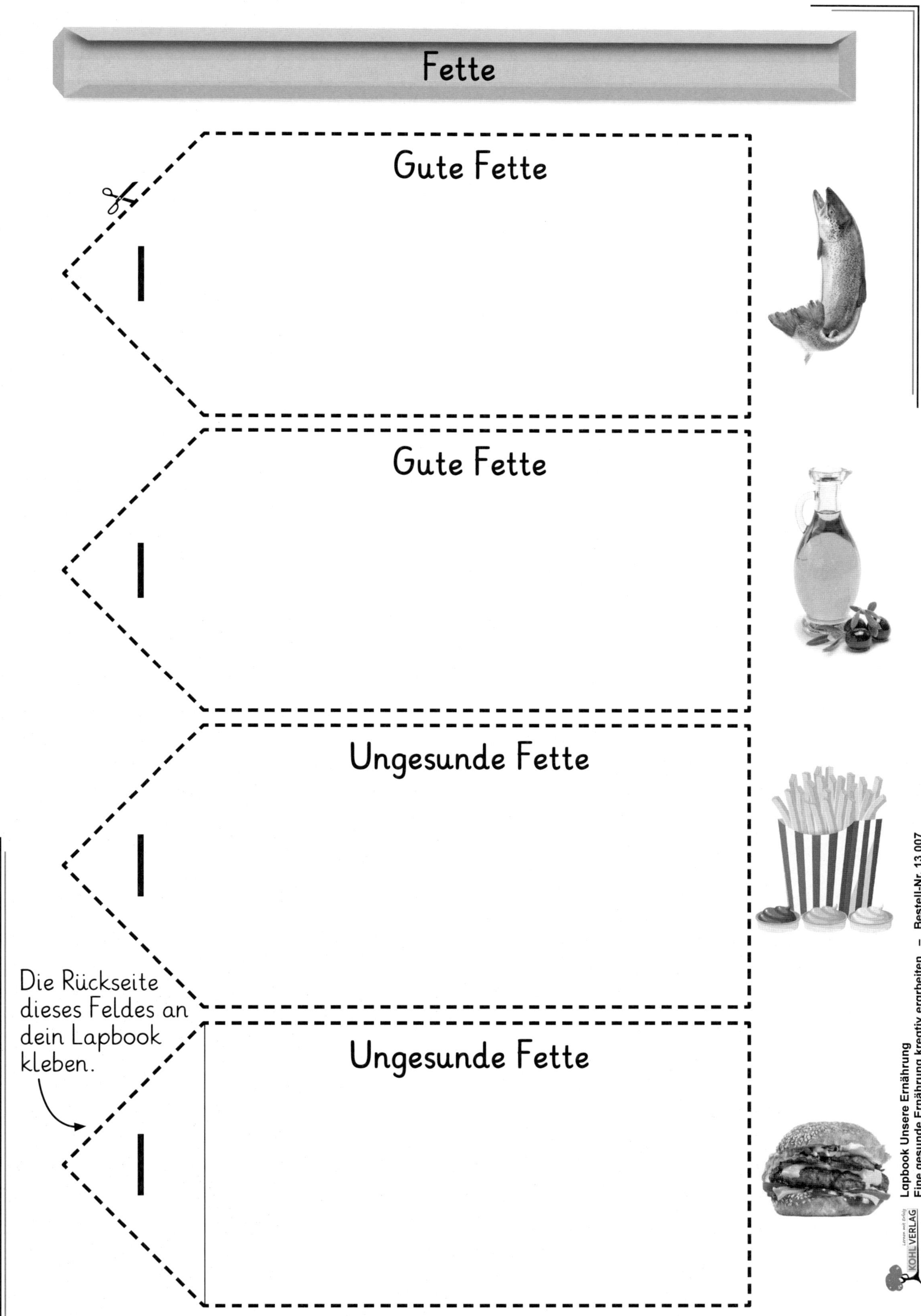

KOHL VERLAG Lernen mit Erfolg
Lapbook Unsere Ernährung
Eine gesunde Ernährung kreativ erarbeiten – Bestell-Nr. 13 007

Ballaststoffe

Schneide die Form aus. Falte sie zur Ziehharmonika, sodass das Bild „Ballaststoffe" oben liegt. Klebe die Form an dein Lapbook und ergänze die Texte.

Ballaststoffe

Ballaststoffe sind
_________________, die der Körper
eigentlich gar nicht verdauen kann. Sie
kommen meist in _______________
Lebensmitteln vor.

Sie befinden sich vor allem in
Vollkorngetreide, Hülsenfrüchten,
Obst, ___________ und Nüssen.
Lebensmittel von Tieren wie Fisch, Fleisch,
Eier und Milchprodukte haben fast gar
keine _______________.

Ballaststoffe füllen unseren
___________. Deshalb machen
Nahrungsmittel mit vielen Ballaststoffen
auch satter. Sie reinigen unseren
Darm und schützen uns vor

_______________.

Die Rückseite dieses Feldes an dein Lapbook kleben.

Lösungen:
Kohlenhydrate, pflanzlichen
Gemüse, Ballaststoffe
Magen, Verstopfung

Ohne Wasser geht es nicht

Dein Körper besteht zum größten Teil (60 – 75 %) aus Wasser. Wasser hat viele wichtige Aufgaben, denn es gelangt in jede Zelle. Zellen sind die kleinsten Bausteine unseres Körpers. Wir haben ganz, ganz viele davon. Wasser trägt die Nährstoffe zu den verschiedenen Zellen unseres Körpers.

60 %

75 %

Schneide die Mappe mit den 4 Klappen auf der nächsten Seite aus und knicke sie an der durchgezogenen Linie nach hinten. Schneide die Kärtchen unten aus. Ergänze die Texte. Klebe sie nun richtig in die Mappe.

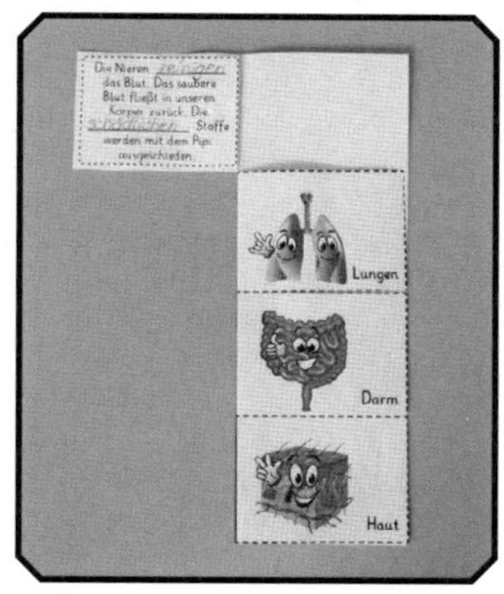

✂

Wasser kühlt unseren Körper. Wenn es _______ ist, schwitzen wir stark. So müssen wir trinken – am besten _____________.

Die Nieren ___________ das Blut. Das saubere Blut fließt in unseren Körper zurück. Die ________________ Stoffe werden mit dem Pipi ausgeschieden.

Der ________________ im Darm wird mit Wasser aufgeweicht. Ihm werden die Nährstoffe entzogen. Diese werden in die ___________ transportiert.

Auch die Lunge gibt beim ____________ Wasser ab. Das kann man an einem ____________ Tag beobachten, wenn der Atem „dampft".

Lösungen:
heiß, Wasser,
„reinigen", schädlichen,
Nahrungsbrei, Zellen,
Atmen, kalten

KOHL VERLAG Lapbook Unsere Ernährung
Eine gesunde Ernährung kreativ erarbeiten – Bestell-Nr. 13 007

Ohne Wasser geht es nicht

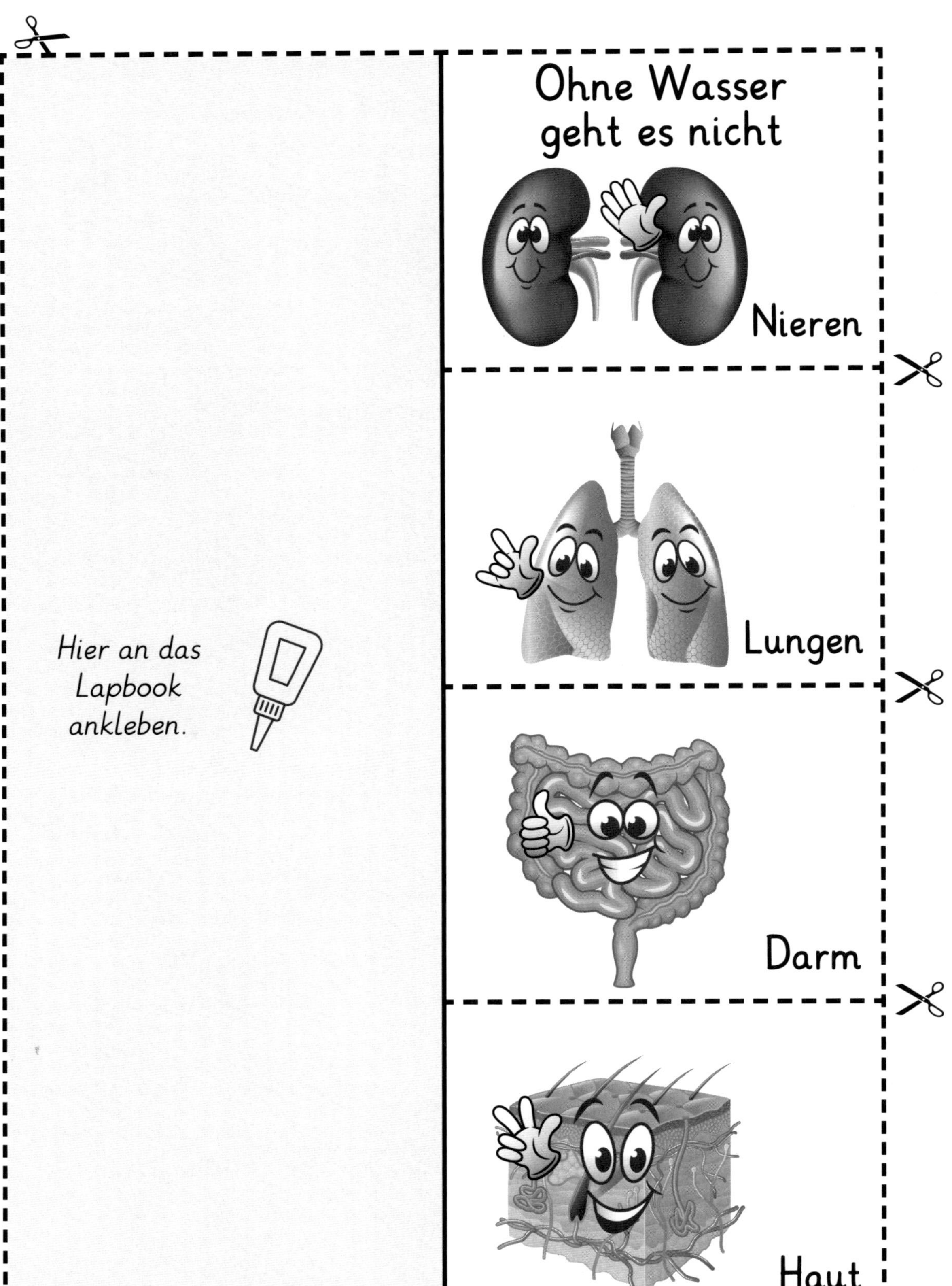

KOHL VERLAG Lernen mit Erfolg
Lapbook Unsere Ernährung
Eine gesunde Ernährung kreativ erarbeiten – Bestell-Nr. 13 007

Was unser Körper braucht

Male die Bildchen an. Schneide die Puzzleteile aus. Setze die richtigen Namen ein: **Ballaststoffe, Eiweiß, Kohlenhydrate, Fette und Vitamine**. Klebe sie in das Viereck auf der nächsten Seite.

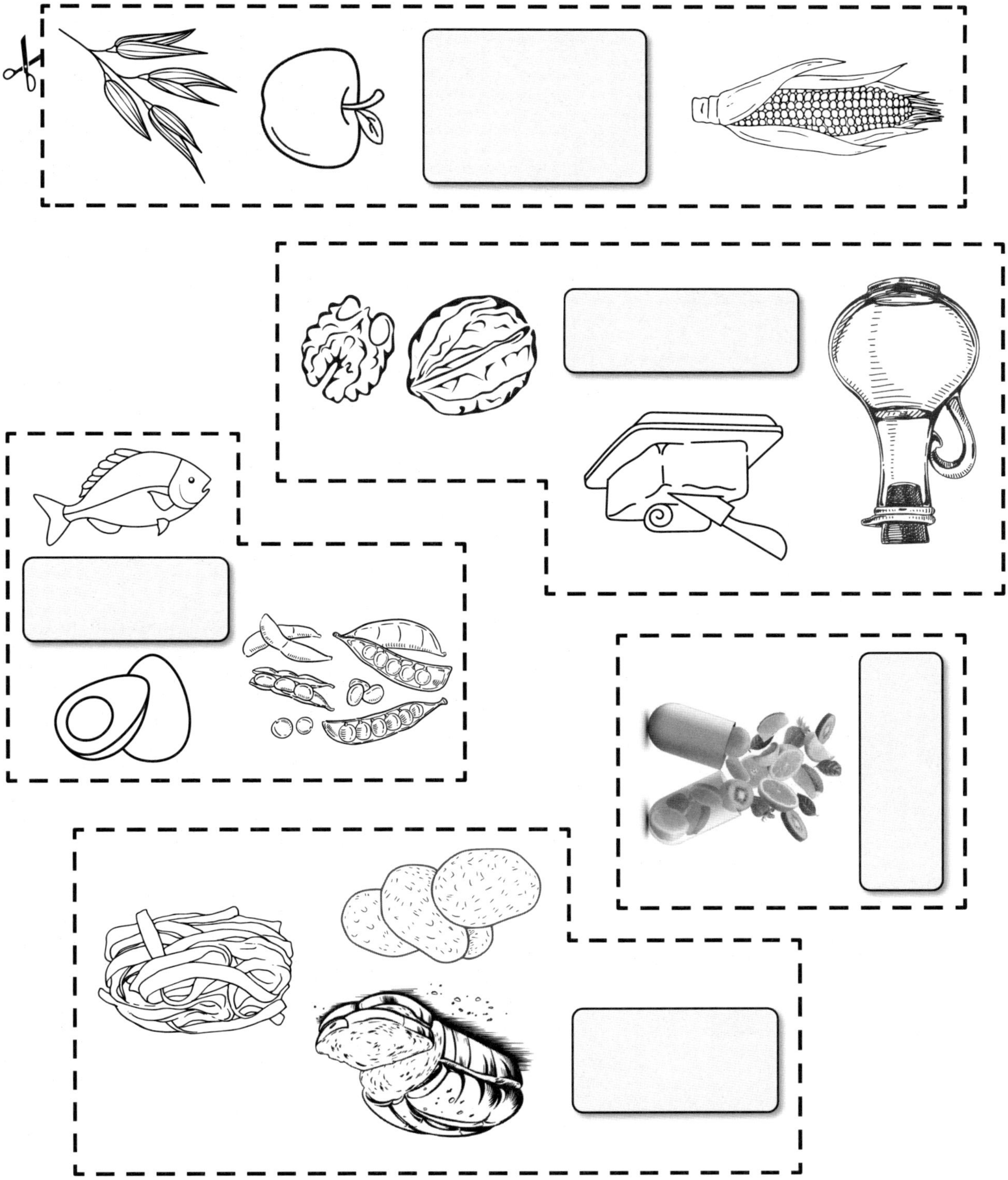

KOHL VERLAG
Lapbook Unsere Ernährung
Eine gesunde Ernährung kreativ erarbeiten – Bestell-Nr. 13 007

Was unser Körper braucht

Schneide das Viereck unten aus und falte es dann einmal längs und einmal quer. Klebe es gefaltet in dein Lapbook. Klebe zum Schluss das rechte Bild auf das gefaltete Papier oben drauf.

Obst oder Gemüse?

Schneide die Kärtchen aus. Beschrifte sie mit dem richtigen Namen. Falte die Taschen auf der übernächsten Seite und klebe sie zusammen. Darin kannst du die Obst- und Gemüsesorten aufbewahren.

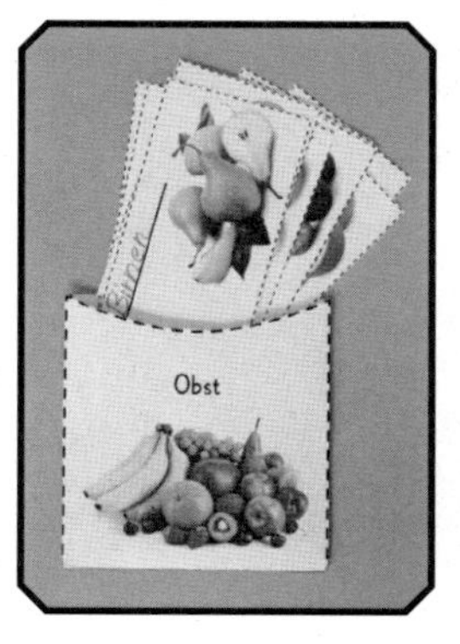

Lapbook Unsere Ernährung
Eine gesunde Ernährung kreativ erarbeiten – Bestell-Nr. 13 007
KOHL VERLAG

Obst oder Gemüse?

Lapbook Unsere Ernährung
Eine gesunde Ernährung kreativ erarbeiten – Bestell-Nr. 13 007

KOHL VERLAG

Obst oder Gemüse?

Klebelasche

Hier an das Lapbook ankleben.

Klebelasche

Obst

Gemüse

Klebelasche

Hier an das Lapbook ankleben.

Klebelasche

Lösungen:

Obst: Äpfel, Erdbeeren, Bananen, Orangen (Apfelsinen), Weintrauben, Birnen, Kirschen, Zitronen, Kiwis

Gemüse: Möhren (Karotten), Salat, Blumenkohl, Bohnen, Gurken, Tomaten, Paprika, Zwiebeln, Brokkoli

KOHL VERLAG
Lapbook Unsere Ernährung
Eine gesunde Ernährung kreativ erarbeiten – Bestell-Nr. 13 007

5 am Tag

„5 am Tag" bedeutet, dass du 5-mal am Tag Obst und Gemüse essen sollst, um fit und gesund zu bleiben! Obst und Gemüse enthalten wichtige Vitamine und Ballaststoffe. Um die verschiedenen Vitamine zu erhalten, solltest du verschiedenes essen. Das wären z. B. Gemüse, Salat, Obst, Nüsse oder Trockenfrüchte.

Male oder schreibe auf, was du am liebsten essen würdest. Achte darauf, dass 5-mal Obst und Gemüse enthalten sind!
Falte die Form zur Ziehharmonika und klebe sie an dein Lapbook.

5 am Tag

1. Frühstück

2. Frühstück

Mittagessen

Nachmittags

Abendessen

Die Rückseite dieses Feldes an dein Lapbook kleben.

Lapbook Unsere Ernährung
Eine gesunde Ernährung kreativ erarbeiten – Bestell-Nr. 13 007
KOHL VERLAG

Die Regeln zur Ernährung

Hier sind einige Regeln für eine gesunde Ernährung aufgeschrieben.

Schneide die Bilder aus und klebe sie auf die Rückseite der richtigen Fahnen. Schneide die Fahnen auch aus und hefte sie an der Markierung zusammen. Das markierte Feld der letzten Rückseite klebst du an dein Lapbook.

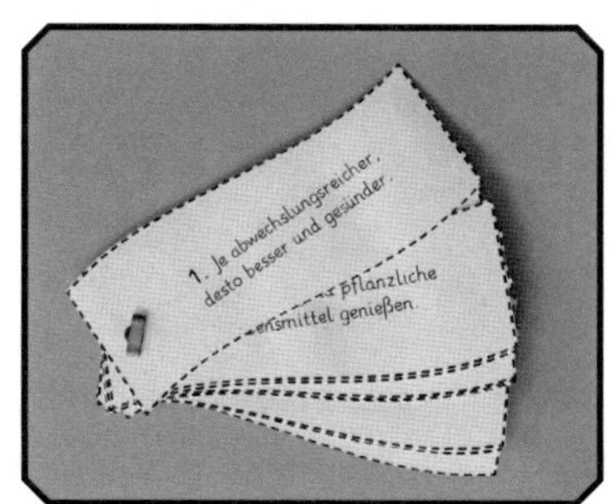

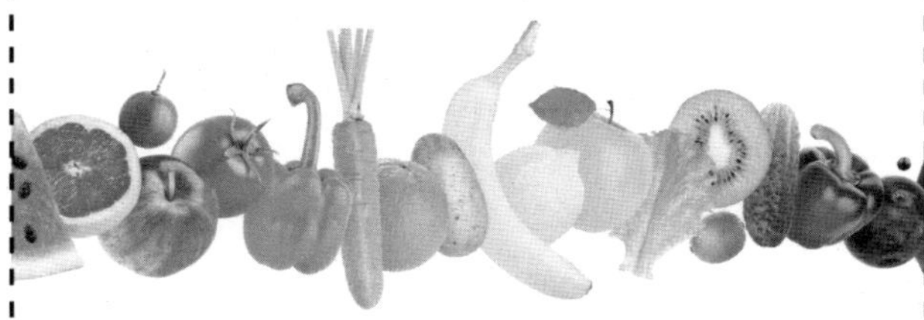

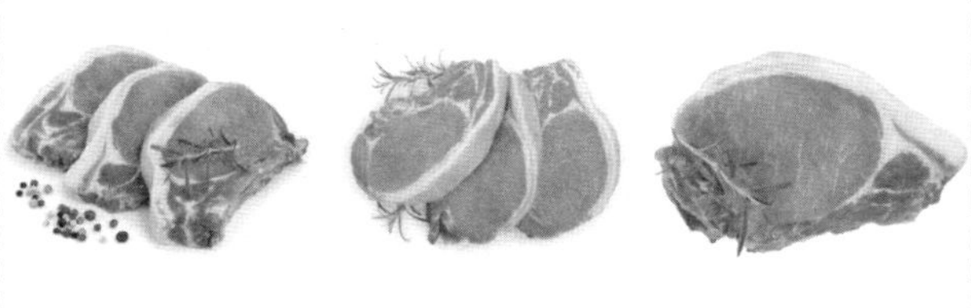

KOHL VERLAG Lernen mit Erfolg
Lapbook Unsere Ernährung
Eine gesunde Ernährung kreativ erarbeiten – Bestell-Nr. 13 007

Die Regeln zur Ernährung

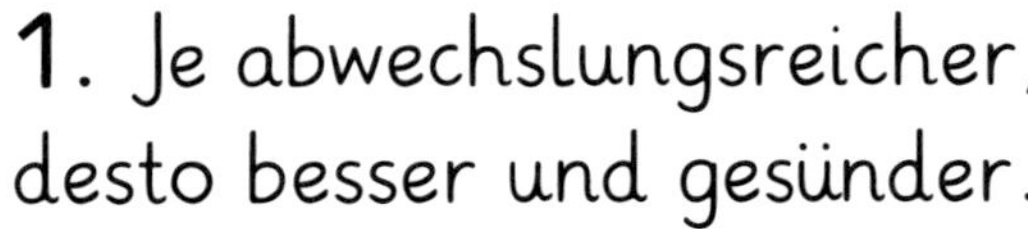
1. Je abwechslungsreicher, desto besser und gesünder.

2. Überwiegend pflanzliche Lebensmittel genießen.

3. Vollkornbrot- und Nudeln bevorzugen.

4. Viel Obst und Gemüse essen (5-mal am Tag).

5. Wasser, Schorle oder Tee trinken.

KOHL VERLAG
Lapbook Unsere Ernährung
Eine gesunde Ernährung kreativ erarbeiten – Bestell-Nr. 13 007

Die Regeln zur Ernährung

6. Täglich Milch und Milchprodukte

7. Wenig Fleisch und Wurst genießen (etwa 3 Portionen pro Woche).

8. Fisch ein- bis zweimal die Woche essen.

9. Pflanzliche Fette wie Rapsöl verwenden.

10. Zucker, Salz und versteckte Fette (etwa in Süßigkeiten, Keksen oder Wurst) einsparen.

Die Rückseite dieses Feldes an dein Lapbook kleben.

KOHL VERLAG Lapbook Unsere Ernährung
Eine gesunde Ernährung kreativ erarbeiten – Bestell-Nr. 13 007

Was und wie viel sollst du essen?

Die Ernährungspyramide zeigt uns an, wie viel von jedem Nahrungsmittel wir essen sollen.
Du solltest also jeden Tag

- 6-mal trinken,
- 5-mal Obst und Gemüse essen
- 4-mal Brot, Nudeln, Reis oder Kartoffeln essen
- 4-mal Milch, Käse, gesunde Fette und Nüsse essen
- 3-mal Fisch, Eier, Wurst oder Fleisch essen
- 2-mal Sahne oder Butter und
- 1-mal Kuchen, Eis, Pommes oder Süßigkeiten zu dir nehmen.

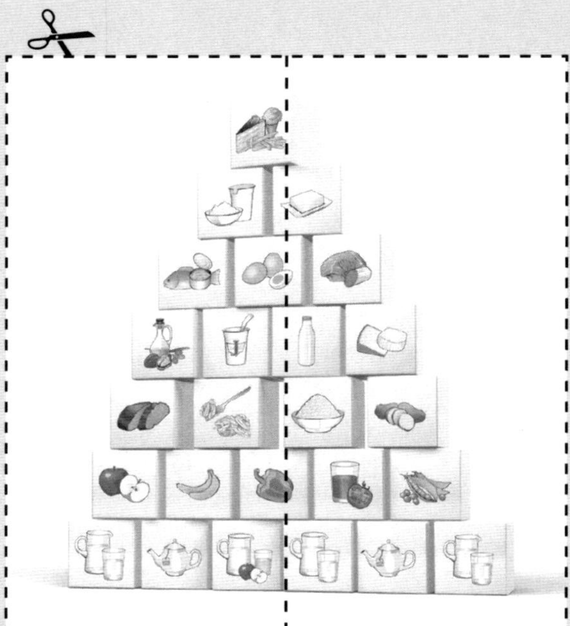

Male in jedes Viereck ein Lebensmittel. Falte die Form wie einen Schrank. Das Bild oben kannst du ausschneiden, in der Mitte teilen und auf die „Schranktüren" kleben. Dann klebst du es in dein Lapbook.

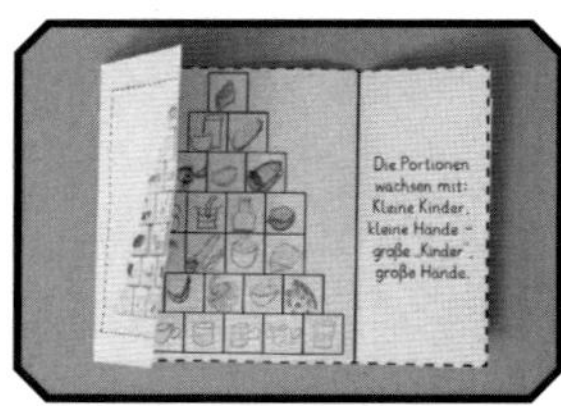

Jeder Baustein der Pyramide steht für eine Portion. Das Maß für eine Portion ist die eigene Hand.

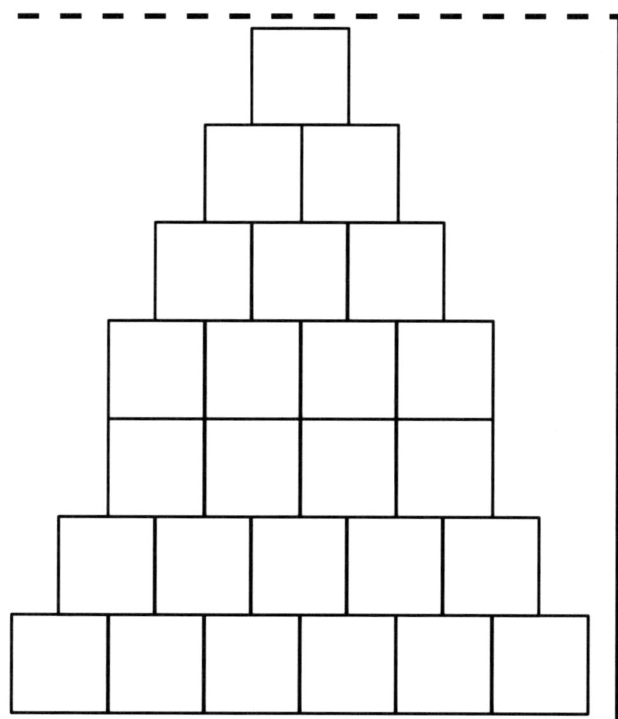

Die Portionen wachsen mit: Kleine Kinder, kleine Hände – große „Kinder", große Hände.

Dieses Feld nach vorne falten.

Dieses Feld nach vorne falten.

KOHL VERLAG
Lapbook Unsere Ernährung
Eine gesunde Ernährung kreativ erarbeiten – Bestell-Nr. 13 007